MARIPOSAS
BUTTERFLIES

INSECTOS (Descubrimientos)
INSECTS DISCOVERY LIBRARY
Jason Cooper

Rourke Publishing LLC
Vero Beach, Florida 32964

www.rourkepublishing.com

PHOTO CREDITS: Cover, title page, p. 4, 7, 8 © James H. Carmichael; p. 10, 13, 15, 16, 18, 20, 21 © Lynn M. Stone

Title page: Esta mariposa vive en los ríos de Costa Rica.

Library of Congress Cataloging-in-Publication Data

Cooper, Jason, 1942-
  [Butterflies. Spanish/English Bilingual]
 Mariposas / Jason Cooper.
    p. cm. -- (Insectos (descubrimientos))
 Includes bibliographical references and index.
 ISBN 1-59515-651-8 (hardcover)
 1. Butterflies--Juvenile literature.

Impreso en los Estados Unidos

Rourke Publishing

www.rourkepublishing.com – sales@rourkepublishing.com
Post Office Box 3328, Vero Beach, FL 32964
1-800-394-7055

CONTENIDO/TABLE OF CONTENTS

Mariposas

Las mariposas son unos bellos **insectos** voladores. Tienen cuatro alas y seis patas como todos los insectos.

Butterflies

Butterflies are beautiful flying **insects**. They have four wings. They have six legs, like all insects.

Esta mariposa de América del Sur es una de las muchas clases de mariposas coloridas.

The South American longwing is a colorful butterfly.

Las mariposas tienen dos ojos grandes. Tienen muy buena vista.

Las mariposas también tienen dos **antenas** largas. Las antenas funcionan como su nariz y oídos.

Butterflies have two large eyes. They have good eyesight.

Butterflies also have two long **antennas.** Antennas work like noses and ears.

This butterfly shows its two long antennas and large eyes.

Esta mariposa nos enseña sus dos antenas largas y sus ojos grandes.

Muchas mariposas se conocen por sus colores brillantes. Los colores vienen de unas pequeñas **escamas** que cubren sus alas.

Las escamas parecen pedacitos de polvo de colores brillantes.

Many butterflies are known for their bright colors. The colors come from tiny **scales**. The tiny scales look like bits of brightly colored dust. The scales cover the wings.

Las mariposas que no tienen escamas tienen alas transparentes.

Butterflies without wing scales have see-through wings.

Mariposas Diurnas y Mariposas Nocturnas

Las mariposas nocturnas vienen de la familia de las mariposas.

Las mariposas nocturnas vuelan usualmente en la noche. Las mariposas diurnas vuelan durante el día. Las mariposas nocturnas parecen tener más "pelitos" que las mariposas diurnas. Su "pelito" es realmente escamas.

Butterflies and Moths

Moths are close cousins of butterflies. Moths usually fly at night. Butterflies fly in daytime.

Most moths look more "furry" than butterflies. Their "fur" is really made up of scales.

Las mariposas nocturnas tienen alas como las de las mariposas diurnas.

Moths have wings like a butterfly.

11

Comida de las Mariposas

Casi todas las mariposas tienen lengua en forma de tubo. Es larga y hueca. Las mariposas chupan **néctar** con su lengua. El néctar es un líquido dulce.

Butterfly Food

Most butterflies have a tongue like a straw. It is long and hollow. A butterfly sips **nectar** through its tongue. Nectar is a sweet liquid in a flower.

This queen butterfly is drinking nectar from a flower.

Las mariposas usan sus lenguas para beber el néctar de las flores.

Mariposas Monarcas

El néctar le da energía a las mariposas. Todos los animales necesitan energía. Las mariposas necesitan energía para volar.

Monarchs

All animals need energy. Nectar gives butterflies energy. Butterflies need energy to fly.

Nectar is an energy drink for the Monarch.

El néctar es una bebida que le da energía a las mariposas monarcas.

Las mariposas monarcas vuelan lejos. Las monarcas vuelan desde el norte hasta el sur cada otoño. En la primavera, vuelan al norte. Estos viajes largos se llaman **migraciones**.

Monarch butterflies fly very long distances. Monarchs fly from north to south each fall. In the spring, they fly north. Their long trips are called **migrations**.

Las monarcas descansan en este arbusto en sus viajes hacia el sur.

Monarchs land on a flower as they travel south.

Mariposas Pequeñas

Las mariposas hembras depositan huevos. Una mariposa pequeña nace del huevo. ¡Pero no se parece en nada a una mariposa! Se parece a un gusano. Se llama una oruga.

Young Butterflies

Female butterflies lay eggs. A young butterfly does not look anything like a butterfly! It looks like a tiny worm. It is called a caterpillar.

Una oruga monarca come una hoja de hierba lechosa.

A monarch caterpillar feeds on a milkweed leaf.

El capullo de una mariposa.

A butterfly's cocoon.

Una oruga solamente come ciertas clases de plantas. Crece más grande, y entonces deja de comer. Su cuerpo hace un **capullo**. A veces el capullo se conoce como una **crisálida**. El capullo es un lugar maravilloso para esconderse.

La oruga cambia dentro del capullo. ¡Se convierte en una mariposa preciosa!

A caterpillar eats only certain kinds of plants. It grows larger, and then it stops eating. Its body makes a **cocoon**. Sometimes a cocoon is known as a **chrysalis**. The caterpillar changes inside the cocoon. It becomes a beautiful butterfly!

In its cocoon the caterpillar grows into an adult butterfly!

Adentro de la crisálida, ¡la oruga se convierte en una mariposa adulta!

GLOSARIO/GLOSSARY

antenas (an TEH naz) — objetos parecidos a hilos en la cabeza de un insecto; el insecto los usa para sentir lo que lo rodea y también para oler y escuchar

antennas (an TEN uhz) — thread-like objects on an insect's head; they act as "feelers" and help an insect smell and hear

crisálida (krih SAH lih dah) — otro nombre para un capullo de mariposa

chrysalis (KRIS uh lis) — another name for a cocoon

capullo (kah PUH yoh) — la envoltura que algunos insectos hacen para sí mismos, al final de su etapa larval

cocoon (kuh KOON) — the covering some insects make for themselves at the end of their larva stage

insectos (in SEK toz) — pequeños animales sin huesos que tienen seis patas

insects (IN SEKTZ) — small, boneless animals with six legs

migraciones (mih grah SION ez) — viajes largos tomados por algunos animales durante las mismas temporadas cada año

migrations (MY GRAY shunz) — long trips taken by some animals at the same time each year

néctar (NEK tar) — un líquido dulce encontrado en flores

nectar (NEK tur) — a sweet liquid found in flowers

escamas (es KAH maz) — objetos pequeños (a veces diminutos) y planos que cubren la piel de un animal como si fueran hojas

scales (SKAYLZ) — small, flat objects that cover an animal's skin

El color de esta mariposa le ayuda a esconderse en las hojas del bosque.

This butterfly's color helps it hide among leaves.

INDEX

Lecturas adicionales/Further Reading

Ashley, Susan and Nations, Susan. *Butterflies*. Gareth Stevens, 2004
Ehlert, Lois. *Waiting for Wings*. Harcourt, 2001

Páginas en el internet/Websites to Visit

http://library.thinkquest.org/27968/a_body_to_click_on.shtml
http://search.looksmart.com/p/browse/us1/us31791/us10002954/us90186/us953943
/us10142547/

Acerca del Autor/About the Author

Jason Cooper ha escrito muchos libros infantiles para Rourke Publishing sobre una variedad de temas. Cooper viaja a menudo para recolectar información para sus libros.

Jason Cooper has written many children's books for Rourke Publishing about a variety of topics. Cooper travels widely to gather information for his books.